ATLAS der AUSSERGEWÖHNLICHEN ARCHITEKTUR

DIE UNGLAUBLICHSTEN GEBÄUDE, VON DENEN DU (VIELLEICHT) NOCH NIE GEHÖRT HAST

ÜBERSETZT VON
ALEXANDRA TITZE-GRABEC

INHALT

EINLEITUNG

ARCHITEKTUR SOLLTE IHRE ZEIT UND IHREN ORT ERKENNEN LASSEN, JEDOCH ZEITLOSIGKEIT ANSTREBEN.
– FRANK GEHRY

Jahrtausende haben Menschen Steine gestapelt, Ziegel vermauert und Holz verbunden, um Bauwerke für Leben, Arbeit und Gebet zu schaffen.

Die Gebäude, die so entstanden, erzählen uns etwas über Geschichte und Kultur, Landschaft und Umgebung, in der sie entstanden, oder über die Personen, die sie entworfen oder erbaut haben.

Manchmal sind es komplexe Geschichten, da auch Architektur komplex ist. Um ein Gebäude zu bauen, muss man seine Physik verstehen, damit es nicht zusammenbricht. Man muss wissen, welche Materialien und Technologien zur Verfügung stehen, und auch, wie die Menschen einen Raum nutzen wollen. Und man braucht auch Geld. Oft sogar eine ganze Menge.
Es hilft auch, eine Vision zu haben – davon, wie der Raum drinnen und draußen aussehen wird, und wie man ihm seinen eigenen Stempel aufdrücken kann.

Die Bauten in diesem Buch haben erstaunliche Geschichten. Wir haben die Gebäude, die ohnehin jeder kennt (wie die Großen Pyramiden oder den Eiffelturm) ausgelassen und stattdessen Bauten weltweit und durch alle Zeiten ausgesucht, die in ihrem Aussehen oder ihrer Bauweise wegbereitend waren. So findest du die Geschichte eines Königs, der große Kirchen aus Felsen schlug, weil er glaubte, er sei dazu bestimmt, in den Bergen Äthiopiens ein neues Jerusalem zu errichten. Oder eine Moschee im Iran, die im Laufe von 2000 Jahren entstand. Du findest sogar die Geschichte eines Gebäudes, das nie gebaut wurde, jedoch die Seele (und die Torheiten) der Russischen Revolution einfing. Viele Gebäude sind besonders expressiv und skulptural, denn oft steckt hinter einem merkwürdig aussehenden Gebäude auch eine merkwürdige Geschichte.

Dies ist keineswegs eine vollständige Einführung in die Architektur – es ist lediglich ein Anfang, um über verschiedene Arten von Bauten nachzudenken und zu sprechen. Nimm nur mal das Zimmer, in dem du sitzt. Wie fühlst du dich darin? Gibt es ein Fenster? Welche Art von Fenster? Was siehst du von dort? Was macht es besonders? Sobald du anfängst, die Gebäude rund um dich richtig anzusehen, entdeckst du ihre Geschichten, weil die Geschichten von Bauten und von Menschen untrennbar miteinander verbunden sind.

– Peter Allen und Ziggy Hanaor

NEOLITHISCHE MONUMENTE EUROPAS

WANN: 4000–2000 V. CHR.
WO: NORDEUROPA

Die neolithische Epoche dauerte von etwa 7000 bis 1700 v. Chr. Da die Menschen damals noch nicht geschrieben haben, wissen wir nur sehr wenig darüber. Nur eine Handvoll rätselhafter Monumente ist davon noch übrig. Vor allem Grabkammern aus Erdhügeln und aufgestellten Steinen, die vermutlich Teil religiöser Rituale waren.

Hügelgrab von Newgrange
Irland, 3200 v. Chr.

Ein gewaltiges Hügelgrab, umgeben von einer Mauer aus verzierten Steinen. Zur Wintersonnenwende taucht die aufgehende Sonne die Grabkammer in Licht.

Die Steine von Carnac
Frankreich, 3300 v. Chr.

Eine Anhäufung von mehr als 3000 Steinen, einige bis zu 4 Metern hoch, angeordnet in 11 Reihen von 1 Kilometer Länge, die jeweils mit Steinkreisen enden.

Avebury, England, 3000–2400 v. Chr.

Ein „Henge“ (= Erdwall mit Graben), der 3 große Steinkreise enthält. Er war vermutlich ein regionales Zentrum für religiöse Zeremonien, Handel und Feste.

Skara Brae, Schottland, 3000 v. Chr.

Auf den fernen Orkney-Inseln liegt Europas vollständigstes neolithisches Dorf, bestehend aus 8 Steinhäusern, die zur Dämmung in die Erde gebaut wurden. Darin sind Steinmöbel und sogar Toiletten.

ZIKKURAT VON UR

WANN: 2100 V. CHR.
WO: PROVINZ DHI KAR, IRAK

Eine Zikkurat ist eine vierseitige Stufenpyramide aus Lehmziegeln, errichtet als Tempel für die Götter des antiken Mesopotamien. Zikkurate finden sich überall im heutigen Iran und Irak. Die Zikkurat von Ur ist das besterhaltene Beispiel.

König Ur-Nammu errichtete die Zikkurat als Teil einer Tempelanlage im Herzen der großen Stadt Ur zu Ehren des Mondgottes Nanna. Mit 64 Metern Länge und 30 Metern Höhe war sie kilometerweit sichtbar und ein Symbol für den Reichtum der Stadt.

Nur die Fundamente des Baus haben überlebt, doch ursprünglich stand Nannas Tempel ganz oben, verziert mit blau glasierten Fliesen. Man glaubte, dass die Götter in ihren Tempeln wohnten, weshalb Nannas Tempel also ein Schlafzimmer enthielt und eine Küche, in der sterbliche Diener seine Mahlzeiten zubereiten konnten.

Der Tempel verfiel, wurde jedoch im 6. Jahrhundert v. Chr. wiederaufgebaut. Erneut vergessen, grub man seine Überreste erst in den 1920er-Jahren aus. In den 1980er-Jahren wurde er erneut restauriert.

PYRAMIDEN VON MEROE

WANN: 800 V. CHR.–100 N. CHR.
WO: SUDAN

In der Wüste des Sudan, am Ostufer des Nils, findet sich eine Ansammlung von mehr als 200 antiken Pyramiden, die Überreste von Meroe, Hauptstadt des großen Königreichs von Kusch.

Sie wurden 1000 Jahre nach ihren ägyptischen Kollegen errichtet, haben einen schmaleren Sockel und sind viel steiler. Sie sind zwischen 6 und 30 Metern hoch und an ihrem Fuß befindet sich oft ein Tempel.

Diese Pyramiden aus Granit und Sandstein bezeichnet man als nubische Pyramiden.

Nach ihrer Entdeckung in den 1830er-Jahren wurden die Pyramiden von Grabräubern geplündert. Beim Versuch, an die Schätze im Inneren zu gelangen, zerstörten sie oft die Spitzen der Pyramiden.

Sie waren Grabstätten für Könige, Königinnen und Adelige, die mumifiziert und mit Juwelen und anderen Besitztümern bestattet wurden. Die Schätze stammten aus dem gesamten Reich von Kusch, das sich vom Mittelmeer bis tief in das Herz Afrikas erstreckte.

HÄNGENDES KLOSTER VON SHANXI

WANN: 491 N. CHR.
WO: PROVINZ SHANXI, CHINA

Dieser der Schwerkraft trotzende Tempel ist in die Felswand des Cuiping gebaut, 76 Meter über dem Boden. Holzträger aus Eiche, die in die dahinter liegenden Felsen gemeißelt wurden, stützen es.

Der Legende zufolge wurde der Tempel von einem Mönch namens Liaoran aus der nördlichen Wei-Dynastie errichtet, der von einem Ort träumte, an dem Mönche ohne Ablenkung durch die Umgebung meditieren können.

Der Tempel ist gleich 3 Religionen gewidmet – dem Konfuzianismus, dem Taoismus und dem Buddhismus – und überall finden sich religiöse Schnitzereien und Statuen aller 3 Religionen. Der Grund dafür ist der, dass das Kloster einst als Raststätte für durchreisende Pilger diente und sie alle – egal welcher Religion – willkommen waren.

Der überhängende Rand der Klippe schützt das Kloster vor Regen, Schnee und Überflutungen, und trotz einiger Renovierungen und Ergänzungen ist der Großteil des Originalbaus erhalten.

HAGIA SOPHIA

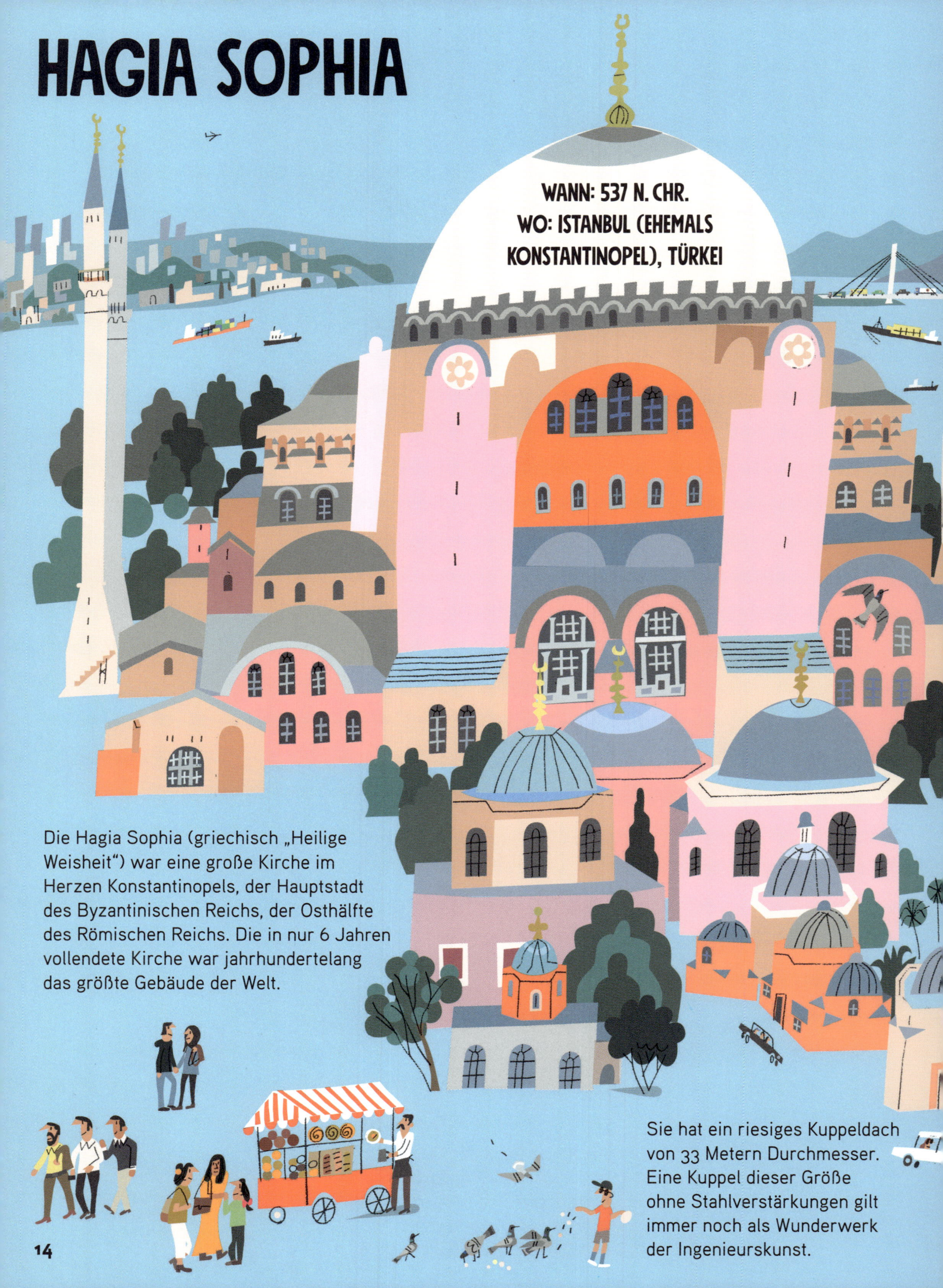

Die Hagia Sophia (griechisch „Heilige Weisheit") war eine große Kirche im Herzen Konstantinopels, der Hauptstadt des Byzantinischen Reichs, der Osthälfte des Römischen Reichs. Die in nur 6 Jahren vollendete Kirche war jahrhundertelang das größte Gebäude der Welt.

Sie hat ein riesiges Kuppeldach von 33 Metern Durchmesser. Eine Kuppel dieser Größe ohne Stahlverstärkungen gilt immer noch als Wunderwerk der Ingenieurskunst.

Innen wurde sie mit goldenen Mosaiken und Schätzen aus den fernsten Gebieten des Reichs geschmückt: Marmor aus Syrien, Säulen aus Griechenland und Stein aus Ägypten.

Das Gebäude diente bis 1453 als Kirche, als das Osmanische Reich es in eine Moschee umwandelte, 4 Minarette hinzufügte und viele Originalelemente zerstörte.

Die Hagia Sophia beeinflusste die östliche Architektur für viele Jahre. Nachdem sie lange ein Museum war, ist sie heute wieder eine Moschee.

ANJI-BRÜCKE

WANN: 595–605 N. CHR.
WO: PROVINZ HEBEI, CHINA

Die Anji-Brücke („Brücke der sicheren Überquerung“) entstand zur Zeit der mächtigen Sui-Dynastie. Sie überspannt den Fluss Xiao und verbindet wichtige Handelsrouten durch China.

Die Brücke wurde von einem Handwerker namens Li Chun geplant. Bis dahin bestanden Brücken meist aus einem einzelnen Halbkreisbogen. Chuns Entwurf war eine technische Meisterleistung, da der Hauptbogen seitlich von 2 kleineren Bögen gestützt wird.

Dank dieses cleveren Plans war der Bogen weniger steil und die Brücke ließ sich leichter überqueren. Auch die Konstruktion war viel leichter, da 40 Prozent weniger Material benötigt wurde.

Der Hauptbogen besteht aus 28 dünnen, gewölbten Kalksteinplatten, verbunden durch Eisenstifte. So kann sich die Brücke bewegen und stürzt auch nicht ein, wenn Teile des Bogens wegbrechen.

Bei Überflutungen fließt das Wasser durch die kleineren Bögen ab, wodurch sie weniger Druck ausgesetzt sind.

Nach 1400 Jahren hat die Brücke 8 Kriege, 10 Überflutungen und etliche Erdbeben überlebt. Es ist die älteste Steinbrücke dieser Art auf der Welt.

HORYU-JI TEMPEL

WANN: 607 N. CHR.
WO: REGION KANSAI, JAPAN

Der Tempelkomplex von Horyu-ji besteht aus 26 Holzgebäuden, darunter eine 5-stöckige Pagode – der älteste Holzbau der Welt.

Der Komplex war ein Auftrag von Prinz Shotuko, der den Buddhismus von China nach Japan gebracht hatte. Die Bauten entstanden mit traditionellen chinesischen Techniken, die später in der Region gebräuchlich wurden.

Horyu-ji war Yakushi Nyorai gewidmet, dem Buddha der Heilung. Es heißt, dass ein Knochenfragment des Buddhas am Fuß der Pagode verwahrt wird.

Die verzierten Gebäude sind typisch für die Zeit. Holzkonsolen mit geschnitztten Drachen stützen die ziegelgedeckten Dächer.

Die Gebäude sind auf doppelt-terrassierten Plattformen errichtet. Viele weisen Säulen auf, die leicht gekrümmt und verjüngt sind, damit sie aus der Ferne kerzengerade wirken.

JAME-MOSCHEE VON ISFAHAN

WANN: 771–1997
WO: ISFAHAN, IRAN

Diese riesige, über 12 Jahrhunderte entstandene Moschee zeigt die Entwicklung islamischer Architektur durch die Zeit.

Die seldschukischen Türken erbauten sie im 11. Jahrhundert anstelle einer niedergebrannten Moschee im neuen Vier-Iwan-Stil. Sie machten Isfahan zu ihrer Hauptstadt und die Moschee zur Zentralmoschee. Ein Iwan ist ein gewölbter Raum, der sich auf einer Seite zu einem Hof öffnet. Die Tore der 4 Iwane stehen einander gegenüber und bilden so einen riesigen zentralen Hof.

Ursprünglich waren alle 4 Tore offen, wodurch der Hof ein Fußgängerzentrum im Herzen der Stadt wurde – ein Ort für Geschäfte und Begegnungen, aber auch für das Gebet.

Nach dem Ende des Seldschukenreichs wurde die Moschee von den Herrschern Persiens immer weiter ausgestaltet und nahm schließlich mehr als 20.000 Quadratmeter ein. Die Dekorationen im Inneren spiegeln die islamischen Stile im Lauf der Zeit.

Das Highlight sind 2 spektakuläre Kuppeln des 11. Jahrhunderts. Für perfekte Proportionen wurden sie mithilfe eines doppelten Rippengewölbes errichtet. Dafür war die neueste Ingenieurskunst nötig, die später in der ganzen islamischen Welt zum Einsatz kam.

CHAND BAORI

WANN: 800 N. CHR.
WO: RAJASTHAN, INDIEN

Ein „Baori" ist eine Art Brunnen, umgeben von Stufen, den es nur in Indien gibt. Er bietet Menschen in trockenen Regionen wie Rajasthan Zugang zu Bade- und Trinkwasser.

Chand Baori ist der größte indische Stufenbrunnen. Die 3500 schmalen Stufen – gebaut von König Chandra aus der Nikumbha-Dynastie – sind symmetrisch um 3 Seiten des Brunnens angeordnet. Auf der 4. befindet sich ein elegant verzierter Steinpavillon mit Galerien und Balkonen, der über die Jahrhunderte erweitert wurde.

Das sich verändernde Spiel von Licht und Schatten auf den Stufen erzeugt ein optisches Labyrinth.

Die Stufen führen 20 Meter in die Tiefe, wo die Luft 6 Grad kühler ist als oben. Der Brunnen diente nicht nur zum Trinken und Baden, sondern auch zum Meditieren, Beten und für Unterhaltungen während des heißen Tages. Mitglieder der königlichen Familie trafen sich im Pavillon, während sich normale Menschen auf den untersten Stufen versammelten.

KATHEDRALE VON CHARTRES

WANN: 1194–1220
WO: CHARTRES, FRANKREICH

Diese Kathedrale im Nordwesten Frankreichs ist ein Beispiel für französische Architektur der Gotik. Bei diesem Stil ging es vor allem um Höhe – gewaltige Turmspitzen, die meilenweit zu sehen waren und der Welt zeigten, wie reich und fromm eine Stadt war.

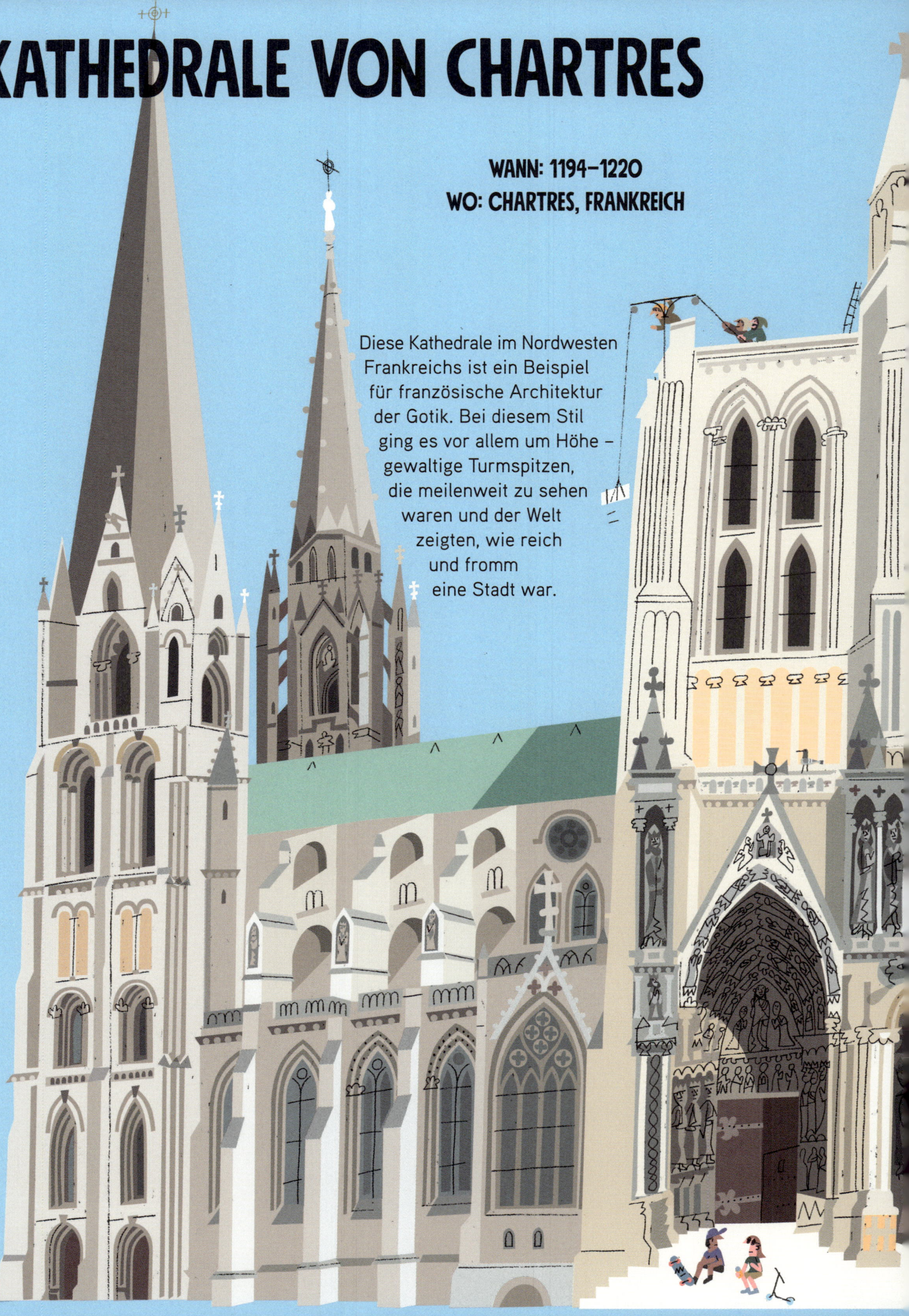

Um diese Höhe zu erreichen, wurden in Chartres Strebebögen eingesetzt. Das sind Bögen, die von hoch oben an einer Außenwand zu einem entfernten Pfeiler gehen. Sie tragen das Gewicht des hohen, schlanken Gebäudes und erlaubten es, die Wände mit 176 kunstvollen Buntglasfenstern zu versehen, die den Raum in dramatisches Licht tauchen.

In der Kirche gibt es hunderte Skulpturen biblischer Figuren in den theatralischen Posen, die typisch für die Gotik sind.

Die Kathedrale weist zahlreiche typische Elemente gotischer Architektur auf, wie Spitzbögen und verschnörkelte skulpturale Dekorationen. Sie enthält angeblich eine heilige Reliquie: ein Fragment des Gewands der Jungfrau Maria. Damit ist sie bis heute ein beliebtes Ziel christlicher Pilger.

STABKIRCHE BORGUND

WANN: UM 1200
WO: BORGUND, NORWEGEN

Stabkirchen sind kleine Kirchen mit Wänden aus vertikalen Holzbrettern oder -stäben. In ländlichen Gebieten Skandinaviens, wo es viel Holz gab, waren sie im Mittelalter weit verbreitet. Die meisten wurden im 19. Jahrhundert zerstört und durch Steinkirchen ersetzt, aber 28 stehen in Norwegen immer noch.

Die Kirche in der kleinen Stadt Borgund ist eines der besterhaltenen Beispiele. Sie hat gestaffelte, vorspringende Dächer, die von einem Türmchen bekrönt werden. Sie schützen den Bau vor Regen und Schnee.

Auf den Giebeln sind 4 geschnitzte Drachenköpfe, wie die auf altnordischen Schiffen. Das Hauptportal der Kirche zeigt kunstvolle Schnitzereien von Blumen, kämpfenden Schlangen und fliegenden Drachen.

Der schlichte Innenraum war einst wohl auch mit Schnitzereien dekoriert, die jedoch verloren gingen oder zerstört wurden. An der Westwand sind uralte Runen-Graffiti eingeritzt. Eine lautet: „Thor schrieb diese Runen am Abend der St. Olafs-Messe."

KIRCHE DES HEILIGEN GEORG

WANN: UM 1200
WO: LALIBELA, ÄTHIOPIEN

Die Kirche des heiligen Georg ist ein Beispiel für monolithische Architektur: Bauten, die aus einem einzigen Stück – hier Vulkangestein – geschnitzt oder geformt wurden.

Sie wurde von König Lalibela erbaut, den Gott der Legende zufolge anwies, in den Bergen Zentral-Äthiopiens ein neues Jerusalem zu erschaffen.

11 monolithische Kirchen wurden aus dem Felsen geschlagen, durch ihre Mitte zieht sich ein Graben, der für den Fluss Jordan steht. Eine Seite des „Flusses“ stellt das weltliche, die andere das himmlische Jerusalem dar.

Die Kirche des heiligen Georg ist die kunstvollste dieser Kirchen. Der kreuzförmige Bau wurde nach unten in den Berg gegraben, mit Fenstern, Türen und feinen Schnitzereien im Stein.

Im Inneren findet sich ein schlichter Schrein für den heiligen Georg und eine Kopie der Bundeslade.

Die Kirche kann nur durch eine versteckte Schlucht betreten werden, sodass sie von oben völlig unerreichbar aussieht.

Lalibela ist eine der heiligsten Stätten Äthiopiens und ein Ziel christlicher Pilger.

DOGENPALAST

WANN: 1340–1424
WO: VENEDIG, ITALIEN

Der Palazzo Ducale oder Dogenpalast ist eines der auffälligsten Gebäude Venedigs. Der Palast diente als Residenz des gewählten Herrschers Venedigs, des Dogen.

Er war auch das Regierungszentrum der mächtigen und reichen Republik Venedig.

Der Entwurf hat einen bestimmten Rhythmus. Über großen gotischen Spitzbögen befinden sich kleinere Spitzbögen, abgelöst von raffinierten Mustern aus rosa und weißem Stein. Ornamentale Spitzen am oberen Rand beschließen das Muster darunter.

Der Bau hat eine gewisse Leichtigkeit. Die wuchtigen Obergeschosse scheinen auf den Säulen darunter zu schweben.

Die Porta della Carta, der verzierte Haupteingang des Palasts, ist ein Entwurf der Brüder Giovanni und Bartolomeo Bon.

Porta della Carta bedeutet „Tür aus Papier“. Dort wurden neue Gesetze verkündet, und die Bürger legten den Behörden ihre Bitten vor. Über dem Tor befindet sich eine Skulptur der Justitia mit ihren Waagschalen.

DJINGUEREBER-MOSCHEE

WANN: 1327
WO: TIMBUKTU, MALI

Djinguereber – eine Moschee und eine Madrasa – ist Teil der Universität von Timbuktu. Es besteht fast ganz aus Lehm. Die Moschee war ein Auftrag von Kaiser Musa I., womöglich der reichste Mann, der je lebte.

Für den Entwurf bezahlte der Kaiser angeblich 200 Kilogramm Gold an den spanisch-ägyptischen Dichter Abu Es Haq es Saheli. Der elegante, organische Bau hat 2 pyramidenförmige Minarette, 3 Innenhöfe und Platz für 2000 Moscheebesucher. Es ist unwahrscheinlich, dass al Saheli alles selbst entwarf, ohne die Hilfe eines Architekten.

Die Moschee ist aus Banco, einer Mischung aus fermentiertem Schlamm und Getreidehülsen, die zu Ziegeln geformt wird. Sie muss aus dem Boden gegraben werden, wie Torf.

Timbuktu war eine reiche Oasenstadt, heute ist die Stadt jedoch arm und leidet unter der Ausdehnung der Sahara aufgrund des Klimawandels.

Banco ist deshalb besonders schwer zu finden. Zudem beschädigen die Dürren und Flutwellen die empfindliche Lehmkonstruktion, und die Moschee muss ständig gewartet werden. Manchmal gibt es Instandsetzungsfeste, wo alle sehr matschig werden und viel Spaß haben!

AYUTTHAYA

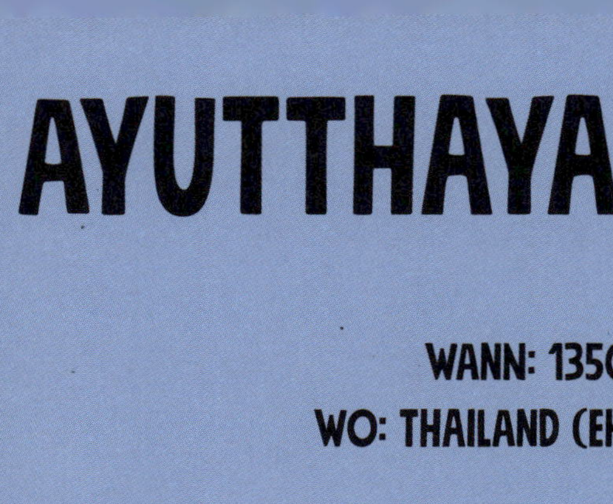

WANN: 1350–1767
WO: THAILAND (EHEMALS SIAM)

Ayutthaya war einst Hauptstadt des mächtigen Königreichs Siam. Auf einer von 3 Flüssen umgebenen Insel auf halber Strecke zwischen Indien und China gelegen, war sie ein bedeutender Knotenpunkt zu den Schätzen des Ostens. Menschen kamen von so fernen Orten wie China, Japan, Portugal, Persien und England.

Obwohl Ayutthaya 1767 von der burmesischen Armee bis auf den Boden niedergebrannt wurde, spiegeln die Reste ihre vergangene Pracht wider. Die Bauten sind entweder Ched, mit hügelähnlichen Sockeln und eleganten Spitztürmen, oder Prang, mit höheren, maiskolbenförmigen Bauten, die für den nahen Berg Meru stehen.

Anfang des 18. Jahrhunderts hatte die Stadt 1 Million Einwohner, was sie zu einer der größten und kosmopolitischsten der Welt machte. Aufgrund ihrer vielen Kanäle war sie als „Venedig des Ostens“ bekannt.

Das Kloster Wat Phra Si Sanphet ist ein Chedi, mit 3 äußerst spitzen Pagoden. 1350 errichtet, diente es einst als königliche Kapelle und enthielt eine mit 170 Kilogramm Gold überzogene Buddhastatue.

Wat Mahathat ist ein Prang-Bau mit komplexen Schnitzereien und heiligen buddhistischen Reliquien.

LITTLE MORETON HALL

WANN: 1504–1610
WO: CHESHIRE, GROSSBRITANNIEN

Little Moreton Hall ist ein Beispiel für echt exzentrische britische Architektur. Die Familie Moreton wurde reich, weil sie nach der Großen Pest Land aufkaufte. Sie baute ein Haus, um mit diesem Reichtum anzugeben. Obwohl die Renaissance in England bereits auf ihrem Höhepunkt war, setzten sie einen mittelalterlichen Fachwerk-Stil ein, bei dem der Holzrahmen des Hauses sichtbar wird.

Auf der sehr dekorativen Fassade des Hauses formen die Holzbalken Chevron- und Rautenmuster. Dieser Stil war in Großbritannien weniger üblich als in Deutschland.

Auch die Form des Baus ist seltsam. Er ist asymmetrisch, da der 3. Stock mit einer langen Galerie an der Längsseite über die 2 darunter liegenden hervorragt. Er wurde von manchen als „gestrandete Arche Noah“ bezeichnet.

Im Inneren gibt es fast keine Korridore. Ein Raum führt in den anderen und man weiß nicht genau, wofür sie genutzt wurden. Das Gebäude wird von einem Graben umgeben, der keinerlei Zweck erfüllt.

Little Moreton Hall gilt als Geisterhaus. Angeblich wandert eine graue Frau durch die Galerie und in der Kapelle hört man ein Geisterkind schluchzen.

TRADITIONELLE JAPANISCHE ARCHITEKTUR

Traditionelle japanische Gebäude bestehen fast immer aus Holz, nie aus Stein. Sie sind leicht vom Boden abgehoben und haben oft große gebogene Dächer, die über die Mauern ragen und einen schattigen Bereich schaffen. Im Inneren gibt es meist einen großen Raum mit Schiebetüren anstelle von Wänden, die den Raum so teilen, wie er gerade gebraucht wird. Die Umgebung ist sorgfältig ausgewählt und die Gebäude werden so gestaltet, dass sie sich in ihre natürliche Umwelt eingliedern.

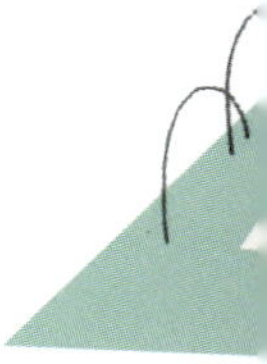

Shinto-Schrein

Ein Shinto-Schrein dient der Aufbewahrung heiliger Objekte (kami). Er hat meist ein kunstvolles Dach und eine Veranda, die das Gebäude umringt. Das kami wird im Altarraum – dem honden – aufbewahrt. Ältere Tempel haben manchmal einen buddhistischen Tempel in oder neben dem Schrein.

Kaiserliche Katsura-Villa, 1645

Dieser Komplex aus königlichen Wohnbauten, Schreinen und Teehäusern ist ein klassisches Beispiel traditioneller Architektur. Die Bauten in den sorgfältig geplanten Gärten haben Blendmauern, die sie mit der Außenwelt verbinden. Angehobene Böden sind mit Reisstrohmatten namens *tatami* bedeckt.

Japanische Teehäuser

Die japanische Teezeremonie ist ein spirituelles Ritual aus den Lehren des Zen-Buddhismus. Dabei geht es um Geduld, Demut und Akzeptanz. Sie findet in schlichten Gebäuden in der Natur statt, die ein Gefühl von Frieden und Ruhe erzeugen.

KISCHI POGOST

WANN: 1714
WO: REPUBLIK KARELIEN, RUSSLAND

Auf einer Insel inmitten des Onegasees in der entfernten russischen Region Karelien stehen 3 hölzerne Bauten – 2 Kirchen und 1 Glockenturm – als Beispiel für die unglaubliche Zimmermannstradition, die einst in der Gegend zuhause war. Außer für die Errichtung der Kuppeln und Dachschindeln kamen keine Nägel zum Einsatz.

Die Legende besagt, der leitende Baumeister, Nestor, habe eine Axt für den ganzen Bau benutzt. Als er fertig war, warf er sie in den See und meinte: „Es gab und gibt keine, die ihr gewachsen ist."

Am beeindruckendsten ist die Verklärungskirche. An der Stelle einer älteren Kirche errichtet, weist sie 22 Kuppeln unterschiedlicher Größe und Form auf.

Die Kirche ist eine der ältesten Holzbauten in Europa. Im Inneren gibt es eine aufwendige Ikonostase – eine Holzwand voll geschnitzter religiöser Ikonen.

DIE KASBAH VON ALGIER

WANN: 17.–18. JAHRHUNDERT
WO: ALGIER, ALGERIEN

Die Kasbah ist die ummauerte Altstadt von Algier; ein Hang mit weißen Gebäuden, der zum Mittelmeer hinunterführt. Sie wurde im 10. Jahrhundert erbaut, aber durch ein Erdbeben zerstört. Die meisten erhaltenen Bauten stammen aus der Zeit des Osmanischen Reichs. In der Kasbah gibt es neben Wohnhäusern auch viele Moscheen und Paläste.

In der Kasbah lebten einst reiche Kalifen (muslimische Herrscher) und Piraten. In den 1950er- und 60er-Jahren boten ihre verwinkelten Gassen Unterschlupf für die Rebellen, die für die Unabhängigkeit von Frankreich kämpften.

Das Dar Mustapha Pacha ist ein maurischer Palast innerhalb der Kasbah. Er ist um einen großen Innenhof herum gebaut und verfügt über bogenförmige Galerien, Holzbalkendecken und schöne Fliesen. Er wurde 1798 erbaut und überlebte die französische Besatzung unbeschädigt.

FESTUNG HWAESEONG

WANN: 1794–1796
WO: SUWON, SÜDKOREA

Hwaeseong ist eine Festung aus Stein und Ziegeln rund um die Stadt Suwon. König Jeongjo errichtete sie als Reaktion auf die damaligen Kriege mit Japan. Statt eine Bergfestung als Fluchtort zu bauen, beschloss er, die Mauern der Stadt zu befestigen.

Die Mauern umgaben ein Gebiet von fast 1,3 Quadratkilometern. Sie umfassten Türme für Pfeilschützen, geheime Tore, Beobachtungstürme, Bunker und einen riesigen königlichen Palast. Außerdem ein Grab für König Jeongjos Vater, den sein eigener Vater tötete, indem er ihn lebendig in einer Reistruhe einsperrte.

König Jeongjo arbeitete mit dem Architekten Jeong Yakyong zusammen, dem Anführer der Bewegung für praktisches Lernen. Diese förderte den Einsatz von Wissenschaft und Industrie und vereinte die neuesten Entwicklungen im Bereich Gestaltung und Bauwesen aus Europa und Asien.

Komplexe Seilzugsysteme wurden zum Bau der Festung eingesetzt. Diese bahnbrechenden Baumethoden wurden in ganz Korea noch viele Jahre lang genutzt.

BRIGHTON PAVILION

WANN: 1787–1823
WO: BRIGHTON, GROSSBRITANNIEN

Mit seinen fantasievollen Kuppeln, Minaretten und Türmchen ist der Royal Pavilion ein bizarrer Anblick inmitten der britischen Küstenstadt Brighton. König Georg III. (bekannt als „verrückter König") wünschte sich einen Ruhesitz am Strand der aufstrebenden Stadt und plante ihn zunächst als „Marine Pavilion".

Sein Sohn, der Prinzregent, ging noch weiter, als er den Thron bestieg. Er beauftragte den Architekten John Nash mit dem Umbau zu einem Lustschloss. Inspiriert von den Schätzen aus den Kolonien in Indien und China entwarf Nash ein Gebäude mit zahlreichen Kuppeln, das eher dem Taj Mahal ähnelt als der umgebenden Architektur.

Innen setzt sich der chinesische und indische Einfluss mit exotischen Wandgemälden und luxuriöser Dekoration aus allen Ecken des britischen Empires fort. Der Kronleuchter im Festsaal wiegt über 1 Tonne. Die Wände des Musikzimmers sind aus goldener Seide, die Kuppeldecke mit hunderten vergoldeten Nussschalen dekoriert.

Königin Victoria war gegen den Bau und die Verschwendung ihrer Vorfahren und verkaufte ihn 1850 für 50.000 Pfund an die Stadt Brighton.

SCHLOSS NEUSCHWANSTEIN

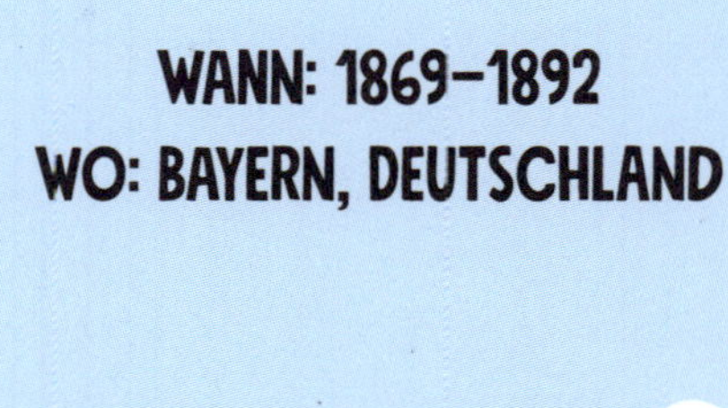

WANN: 1869–1892
WO: BAYERN, DEUTSCHLAND

Schloss Neuschwanstein wurde vom umstrittenen bayerischen König Ludwig II. an der Stelle einer Schlossruine am Fuß der Alpen geplant und errichtet.

Ludwig sehnte sich nach einfacheren Zeiten und verband verschiedene Architekturstile, um sein Ideal eines mittelalterlichen Ritterschlosses zu erschaffen.

Der Opernliebhaber Ludwig baute das Schloss zu Ehren seines engen Freundes, des Komponisten Richard Wagner.

Er scheute keine Kosten und stattete Zimmer mit Marmor, Wandgemälden und Mosaiken aus. Eine Märchengrotte enthielt einen künstlichen Kanal mit Schwanenbooten. Trotz des mittelalterlichen Stils ließ Ludwig die neueste Technik seiner Zeit einbauen, wie Stahlträger, Telefonleitungen, WCs mit Spülung und Zentralheizung.

Als die Kosten außer Kontrolle gerieten, streikte die Regierung und Ludwig starb 1886, nach gerade einmal 11 Nächten im Schloss, unter rätselhaften Umständen. Nur einige Räume waren vollendet. Der restliche Bau wurde nach seinem Tod in einfacherer Form vollendet.

Wenn das Schloss vertraut wirkt, dann wohl, weil es Vorbild für das berühmte Disney-Schloss von Dornröschen war. Ludwigs Fantasie lebt weiter!

DAS HAUS VON CHIEF WAKAS

WANN: UM 1890
WO: ALERT BAY, BRITISH COLUMBIA, KANADA

Als die Europäer Kanada Ende des 18. Jahrhunderts erreichten, brachten sie Pocken und Grippe mit, die ganze Teile der indigenen Bevölkerung des pazifischen Nordwestens töteten. Die Krankheiten betrafen vor allem ältere Menschen, die als Stammesälteste die Gemeinschaft anführten. Innerhalb von 50 Jahren waren viele Kulturen, Traditionen und Sprachen ausgestorben.

Chief Wakas von der Kwakwaka'wakw-Nation errichtete ein Haus als Zeichen des Stolzes auf ein Erbe, das schon fast ausgelöscht war. Es wurde im Plankenhaus-Stil gebaut, den indigene Völker seit beinahe 3000 Jahren einsetzten. Überlappende Zedernplanken schützten es vor Wind und Schnee.

Vor dem Haus stand ein prachtvoller Totempfahl mit Symbolen der Familiengeschichte des Häuptlings. Ganz oben der Donnervogel, Herr der oberen Welt, dann der Killerwal, Herr des Meeres, der Wolf, der Weise (ein Mensch), der Kannibalenvogel und der Bär. Ganz unten der Rabe, dessen großer Schnabel den zeremoniellen Weg ins Haus öffnete.

CASA BATLLÓ

WANN: 1904–1906
WO: BARCELONA, SPANIEN

Der Architekt Antoni Gaudí hatte freie Hand bei der Renovierung eines Hauses der reichen Familie Batlló im Zentrum Barcelonas.

Gaudí hatte einen einzigartigen Architekturstil. Er entwarf seine Bauten mithilfe von Modellen anstelle von Zeichnungen. Dabei achtete er auf jedes Detail und überlegte, wie Keramik, Buntglas, Schmiedeeisen und anderes Kunsthandwerk in die Gestaltung passten.

Die Casa Batlló heißt auch Casa dels Ossos (Haus der Knochen), da sie wie ein großes Drachenskelett wirkt. Sie hat gähnende ovale Fenster, Knochenbalkone und nur wenige gerade Linien. Die zerbrochenen Fliesen an der Fassade wellen sich wie Schuppen.

Das Dach ist gewölbt und stachelig, mit bunten Mosaikfliesen. Turm und Kreuz auf einer Seite stehen für das Schwert, das der heilige Georg in den Rücken des Drachen stieß.

Ein kleines 3-eckiges Fenster auf der anderen Seite sieht aus wie ein Drachenauge.

Gaudí war gläubiger Katholik. Religiöse Motive wie die Geschichte des heiligen Georg tauchen in seinen Gebäuden oft auf.

TATLIN-TURM

WANN: 1919
WO: SANKT PETERSBURG, RUSSLAND

Wladimir Tatlins fantastischer Eisen- und Glasturm ist wohl das berühmteste nie gebaute Gebäude. Der Entwurf aus den frühen Tagen des sowjetischen Russland war Teil eines Programms, um die Monumente des alten Regimes durch neue zu ersetzen, die den Ideen der Russischen Revolution entsprachen.

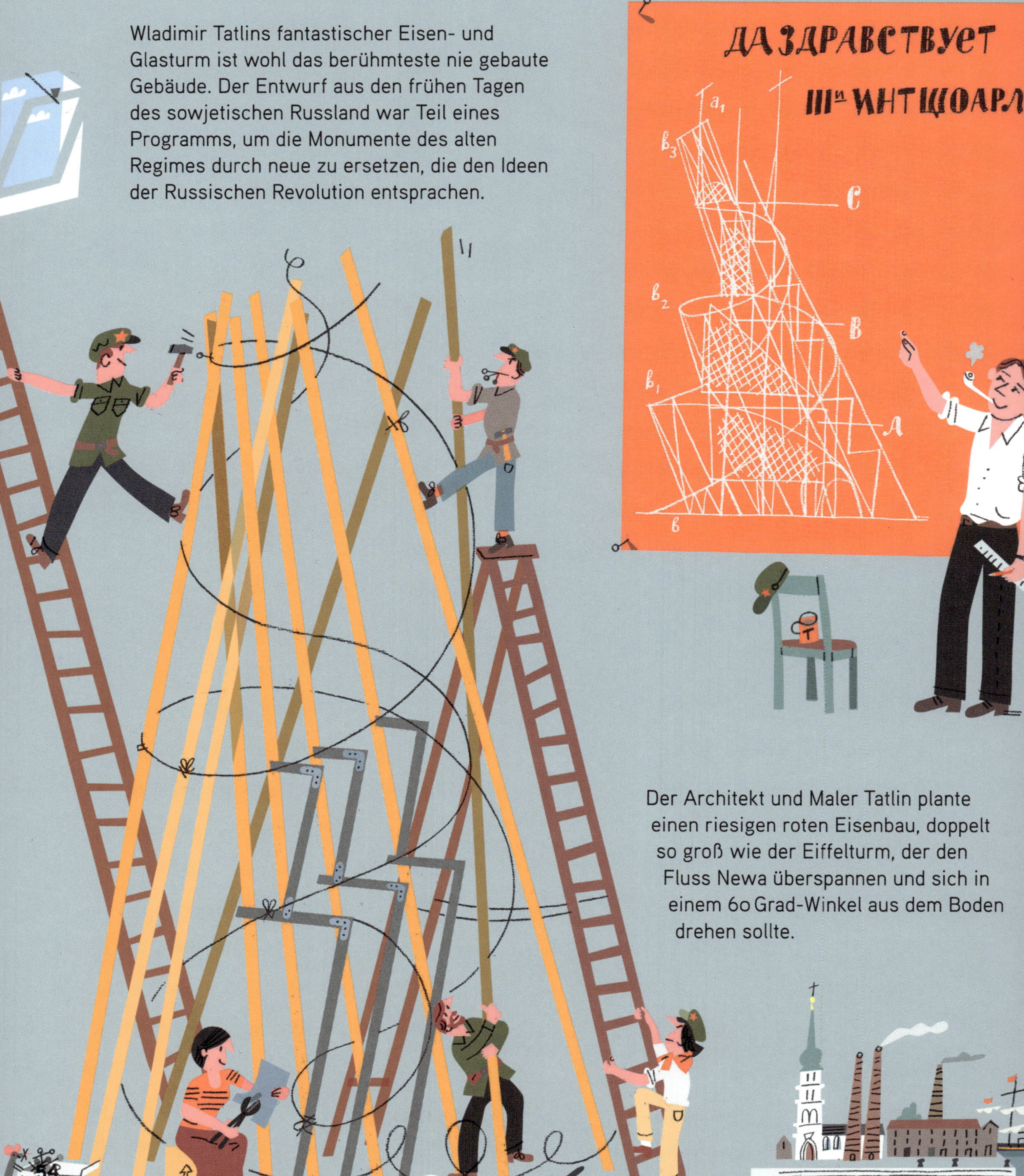

Der Architekt und Maler Tatlin plante einen riesigen roten Eisenbau, doppelt so groß wie der Eiffelturm, der den Fluss Newa überspannen und sich in einem 60 Grad-Winkel aus dem Boden drehen sollte.

Innerhalb der Struktur befanden sich 4 große geometrische Räume aus Glas: Würfel, Pyramide, Zylinder und Halbkugel. Diese sollten die Büros der Komintern beherbergen, des Propagandaamts der kommunistischen Partei.

Jede Form sollte sich unterschiedlich schnell um den Turm drehen: der Würfel 1 Jahr, die Pyramide 1 Monat, der Zylinder 1 Tag. So wurde die neue Regierung mit der Sonne, der Erde und dem Mond verglichen.

Der Entwurf sollte Modernität und Kraft der Revolution zeigen. Aufgrund seiner Größe und des Mangels an Stahl konnte er jedoch nie errichtet werden. Er existiert nur auf Fotos eines Holzmodells, das Tatlin mit seinen Studierenden gebaut hatte.

DAR AL-HAJAR PALAST

WANN: 1920
WO: WADI DA'AR, JEMEN

Der fantastische Palast wurde in den 1920er-Jahren auf einem Bau des 18. Jahrhunderts errichtet – im Auftrag des geistigen Führers Imam Yahya Muhammad Hamiddin. Es sieht aus wie ein riesiges Lebkuchenhaus.

Dar al-Hajar war als Sommerpalast geplant, ein Rückzugsort vom hektischen Treiben der Stadt.

Der Palast besteht aus dem gleichen Stein wie die Klippe, auf der er steht, und man erkennt kaum, wo der Fels endet und der Palast beginnt. Im Inneren gibt es ein Labyrinth aus Korridoren, Treppenhäusern und Zimmern. Diese beliebte Ikone jemenitischer Architektur ist heute ein Museum.

RIETVELD-SCHRÖDER-HAUS

WANN: 1924
WO: UTRECHT, NIEDERLANDE

Truus Schröder, eine junge Witwe, wollte ein Haus, das ihr und ihren 3 Kindern ein modernes, flexibles Leben ermöglichte. Sie beauftragte den jungen Möbeldesigner Gerrit Rietveld, ihr dabei zu helfen. Er hatte bis zu diesem Zeitpunkt noch nie ein Gebäude entworfen.

Rietveld war ein Mitglied der Künstlerbewegung De Stijl, die bestrebt war, Formen auf das Wesentliche zu reduzieren.

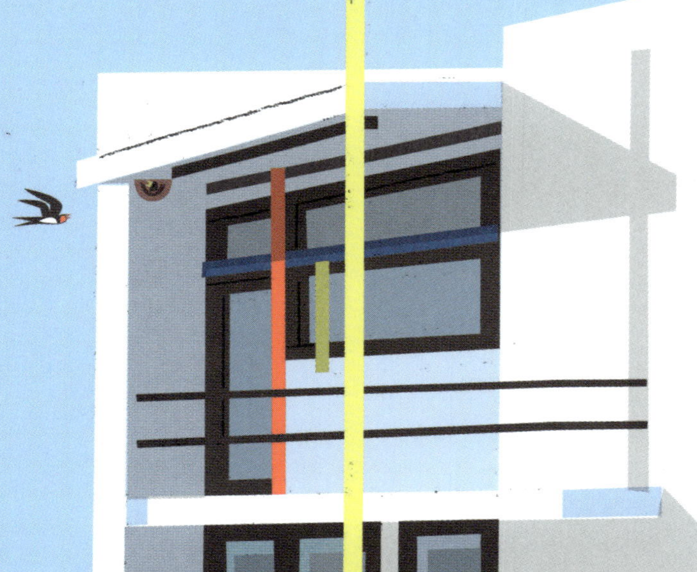

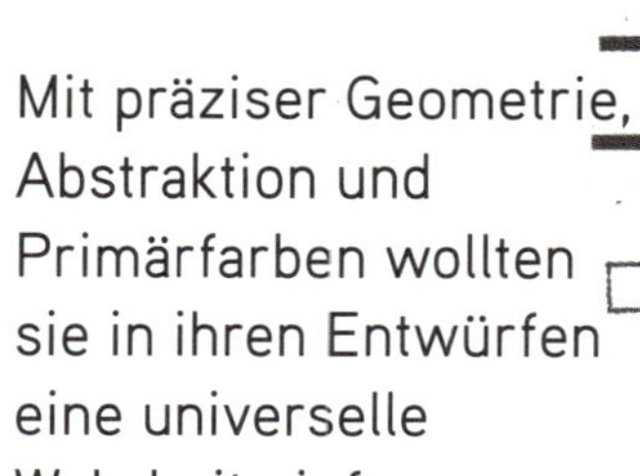

Mit präziser Geometrie, Abstraktion und Primärfarben wollten sie in ihren Entwürfen eine universelle Wahrheit einfangen.

Der Hauptraum des Hauses hatte keine Wände, sondern ein System von Schiebetüren und sich drehenden Paneelen, um ihn in einzelne Zimmer zu teilen.

Betonungen in Primärfarben heben die geometrischen Elemente des Entwurfs hervor.

Das Äußere des Hauses besteht aus Ebenen und Linien, die übereinander zu gleiten scheinen und bisweilen einen Balkon bilden.

Die großen Fenster boten einen Blick auf den Wald, der so Teil des Wohnraums wurde. Leider ersetzte später eine große Straße diesen Wald.

Schröder und Rietveld arbeiteten später noch an anderen Projekten zusammen.

WELTAUSSTELLUNGEN

Nach der Industriellen Revolution gab es einen rasanten Fortschritt in Technologie und Wissenschaft. Westliche Länder organisierten internationale Ausstellungen, um ihre Errungenschaften zu präsentieren. Diese Messen dauerten monatelang und zeigten oft Bauten, die die neuesten, radikalsten Ideen und Bautechniken aufgriffen.

Crystal Palace
London, Großbritannien, 1851

Die erste offizielle Weltausstellung war die „Great Exhibition of the Works of Industry of All Nations" in London. Fachglas war eine neue Erfindung und der Architekt Joseph Paxton setzte es in einem riesigen Palast aus Gusseisen und Glas sehr effektiv ein.

Mies van der Rohe Pavillon
Barcelona, Spanien, 1929

Nach dem Ersten Weltkrieg wollte Deutschland ein friedliches Bild abgeben. Architekt Mies van der Rohe entwarf einen glatten, eleganten Pavillon für die Weltausstellung in Barcelona, mit einem niedrigen, beinahe schwebenden Flachdach. Die luxuriösen Materialien standen für einen neuen Internationalismus.

Atomium
Brüssel, Belgien, 1958

Der Pavillon aus 9 riesigen Atomen in Form eines Eisenkristalls steht für das Atomzeitalter der 1950er-Jahre.
Jede „Atom"-Kugel enthält einen Ausstellungsraum, der durch Röhren mit Rolltreppen an die nächste Kugel angebunden ist.

Space Needle
Seattle, USA, 1962

Der ikonische Turm spiegelt den Geist der Weltraum-besessenen 60er wider. Eine sich drehende fliegende Untertasse mit Restaurant und Aussichtsplattform krönt einen 180 Meter hohen, sanduhrförmigen Turm.

UNIVERSITY CITY, MEXIKO

WANN: 1949–1952
WO: MEXIKO-STADT, MEXIKO

Am Campus der Universität von Mexiko (UNAM) sind Gebäude von mehr als 60 Architekten und Künstlern versammelt. Er vereint die einzigartige Geschichte und die Traditionen Mexikos mit den Idealen des Funktionalismus.

Funktionalismus war eine Philosophie der Jahrhundertmitte und mit dem Sozialismus verbunden. Funktionalisten wollten, dass das Äußere eines Gebäudes seine Funktion zeigt, und dass es die Lebensqualität der Nutzer verbessert.

Der Campus steht auf einem Untergrund aus Vulkangestein. Die Landschaftsgestaltung dieses unüblichen Ortes war beim Bau sehr wichtig, damit die Studierenden draußen zusammenkommen konnten.

Die Gestaltung der Uni steht für den revolutionären Geist Mexikos in den 1950ern. Ziel war eine faire und gleichberechtigte Gesellschaft, die mit ihrer Geschichte verwurzelt ist.

Die UNAM-Gebäude sind auf das Wesentliche reduzierte Bauten im Stil der Moderne, jedoch mit kunstvollen Wandgemälden. Die 4 Seiten der Hauptbibliothek zeigen Mosaiken mit Szenen aus der aztekischen Mythologie oder der kolonialen Vergangenheit.

NATIONALE KUNSTSCHULE HAVANNA

WANN: 1961–1965
WO: HAVANNA, KUBA

Die Nationale Kunstschule Kubas wurde von den kommunistischen Revolutionsführern Fidel Castro und Che Guevara gegründet. 3 junge Architekten hatten den Auftrag, die Bauten an der Stelle eines alten Country Clubs zu planen.

Die Architekten hielten den angesagten „White Cube"-Stil der Moderne für Architektur des Kapitalismus und suchten einen neuen, organischen Stil für ein neues kommunistisches Kuba. Mit lokal produzierten Ziegeln und Fliesen und Inspirationen aus der nordafrikanischen Architektur schufen sie rote Kuppelbauten mit so genanntem „katalanischem Gewölbe".

Zunächst gefielen Castro die Entwürfe sehr, doch als Kuba immer mehr umkämpft wurde, schwand sein Interesse an den Gebäuden und er fand die Kunstschule und deren Architekten belanglos.

Der sowjetische Brutalismus mit Bauten aus Sichtbeton wurde in Kuba immer beliebter, und 1965 wurde der Bau der Kunstschule eingestellt. Die Architekten fielen in Ungnade und flohen aus dem Land.

Die unvollendeten Gebäude verfielen. In den 1980er-Jahren wurden sie wiederentdeckt und nun zum Nationaldenkmal ernannt.

SEA RANCH

WANN: 1963–1965
WO: SONOMA, KALIFORNIEN, USA

Die Sea Ranch ist eine Gruppe von Häusern an einem 15 Kilometer langen Küstenstreifen Kaliforniens. Architekt und Planer Al Boeke kaufte das Land 1963 und beauftragte Architekten mit dem Entwurf von Häusern, die die natürliche Schönheit der Landschaft erhalten und wiedergeben würden.

Die Häuser sind in Gruppen um gemeinsame Räume errichtet. Sie haben große Fenster aufs Meer und schräge Pultdächer gegen den starken Wind. Sie bestehen aus Mammutbaumholz ohne überhängende Dachrinnen und unnötige Beleuchtung und sollten sich möglichst in die Landschaft einordnen.

Eines der auffälligsten Gebäude ist die Sea Ranch Kapelle mit dem skulpturalen Flügeldach. Innen ist sie mit Mosaiken verziert und die Decke ist voll mit Muschelschalen und Seeigeln.

Die Sea Ranch war eine Utopie der 60er: eine Gemeinschaft, die in Einheit mit der umgebenden Natur lebt. Sie konnte diese Ideale größtenteils erhalten und dient heute als Inspiration für umweltfreundliche Architektur.

FIDAK

WANN: 1975
WO: DAKAR, SENEGAL

Die Internationale Handelsmesse von Dakar (FIDAK) befindet sich etwas außerhalb des Stadtzentrums. Sie war Teil einer afrikanischen Bewegung, die einen neuen, postkolonialen Architekturstil suchte, der lokale Traditionen mit den damals beliebten Stilen der Moderne verband.

Da es in den meisten Teilen Afrikas keine Architekturschulen gab, planten europäische Architekten diese kühnen Projekte. Es entstanden sehr dramatische und ausdrucksstarke Gebäude, die oft eher das Land aus der Sicht des Architekten als die Wirklichkeit zeigten.

Die französischen Architekten Jean François Lamoureux und Jean-Louis Marin entwarfen einen ausgedehnten Messestandort aus mehr als 20 Betongebäuden mit hohen 3-eckigen Dächern. Die Bauten sind über Gehwege und Rampen miteinander verbunden, wodurch ein diagonales Muster entsteht.

Wie viele Gebäude der Zeit in Afrika ist auch die FIDAK nicht sehr beliebt bei der Bevölkerung, da sie als Fortsetzung des Kolonialismus gilt, nicht als Reaktion dagegen.

Obwohl die Bauten immer noch als Veranstaltungsort dienen, sind viele von ihnen verfallen.

NEUE LEBENSMODELLE

Architekten sind stets auf der Suche nach neuen Methoden, um bezahlbaren, komfortablen Wohnraum für eine wachsende Bevölkerung zu schaffen.
Im Lauf der letzten 100 Jahre mussten sie viele Herausforderungen meistern, wie die Rekonstruktion zerbombter Orte, Häuser auf kleinstem Raum und das Beste aus neuen Technologien und Materialien machen.

Cité Radieuse
Marseille, Frankreich,
1947–1952

Le Corbusier war ein radikaler Architekt, der ein Hochhaus entwarf, das geräumige Stadtwohnungen mit Läden, Restaurants und Sportanlagen bieten sollte, alles im selben Gebäude. Er benutzte Sichtbeton, da dieser billiger und „ehrlicher“ war; eine Bauweise, die als Brutalismus bekannt wurde.

Habitat 67
Montreal, Kanada, 1967

Dieses vom jungen Moshe Safdie für die Weltausstellung 1967 entworfene Gebäude besteht aus 350 identischen vorgefertigten Betonboxen, in verschiedenen Kombinationen angeordnet und aufeinandergestapelt, wie Lego.

Eames House (Case Study 8)
Kalifornien, USA, 1949

Das Designer-Ehepaar Charles und Ray Eames entwarf ein Haus mit Atelier aus Beton und vorgefertigtem Stahl. Das Raster der Fassade wird durch Paneele in Primärfarben unterbrochen. Das von japanischer Architektur inspirierte Haus liegt harmonisch in der Landschaft.

Papierröhrenhaus
Kobe, Japan, 1995

Nachdem ein Erdbeben die japanische Küste verwüstet hatte, suchte Architekt Shigeru Ban nach effizienten Lösungen für 200.000 obdachlose Menschen. Er entwarf Häuser aus Papierröhren mit Zeltmaterial als Dach. Diese waren günstig, wetterfest und einfach zusammenzubauen. Die Materialien konnten später recycelt werden.

HUNDERTWASSERHAUS

WANN: 1983–1985
WO: WIEN, ÖSTERREICH

Dieses Mehrfamilienhaus ist ein faszinierendes Stückwerk aus Farben, Mosaiken und organischen Formen. Keine einzige gerade Linie gibt es. Sogar die Böden sind schief!

Es wurde vom Künstler und Architekten Friedensreich Hundertwasser entworfen, der ein „Haus für Menschen und Bäume" erschaffen wollte.

Zusammen mit dem Architekten Josef Krawina schuf er ein Gebäude, das der Natur ebenso viel zurückgab wie es nahm. Mit mehr als 900 Tonnen Erde wurden grüne Dächer und Terrassen geschaffen. Mittendrin wachsen Bäume, deren Äste durch die Fenster lugen.

Alle Fenster haben unterschiedliche Formen und Größen. In Blumenkästen sollten die Bewohner ihre eigene Beziehung zur Natur ausdrücken.

Hundertwasser hielt Säulen für einen wichtigen Teil westlicher Architektur: „Bei einer Säule fühlt man sich wie unter einem Baum. Eine Säule muss schön und vielfarbig sein und auch im Regen und im Mondlicht aus eigener Kraft leuchten."

Als der Bau fertig war, wurde er verspottet, gilt heute aber als Möglichkeit, Architektur und Natur harmonisch zu vereinen, und ist ein beliebtes Wiener Wahrzeichen.

GUGGENHEIM BILBAO

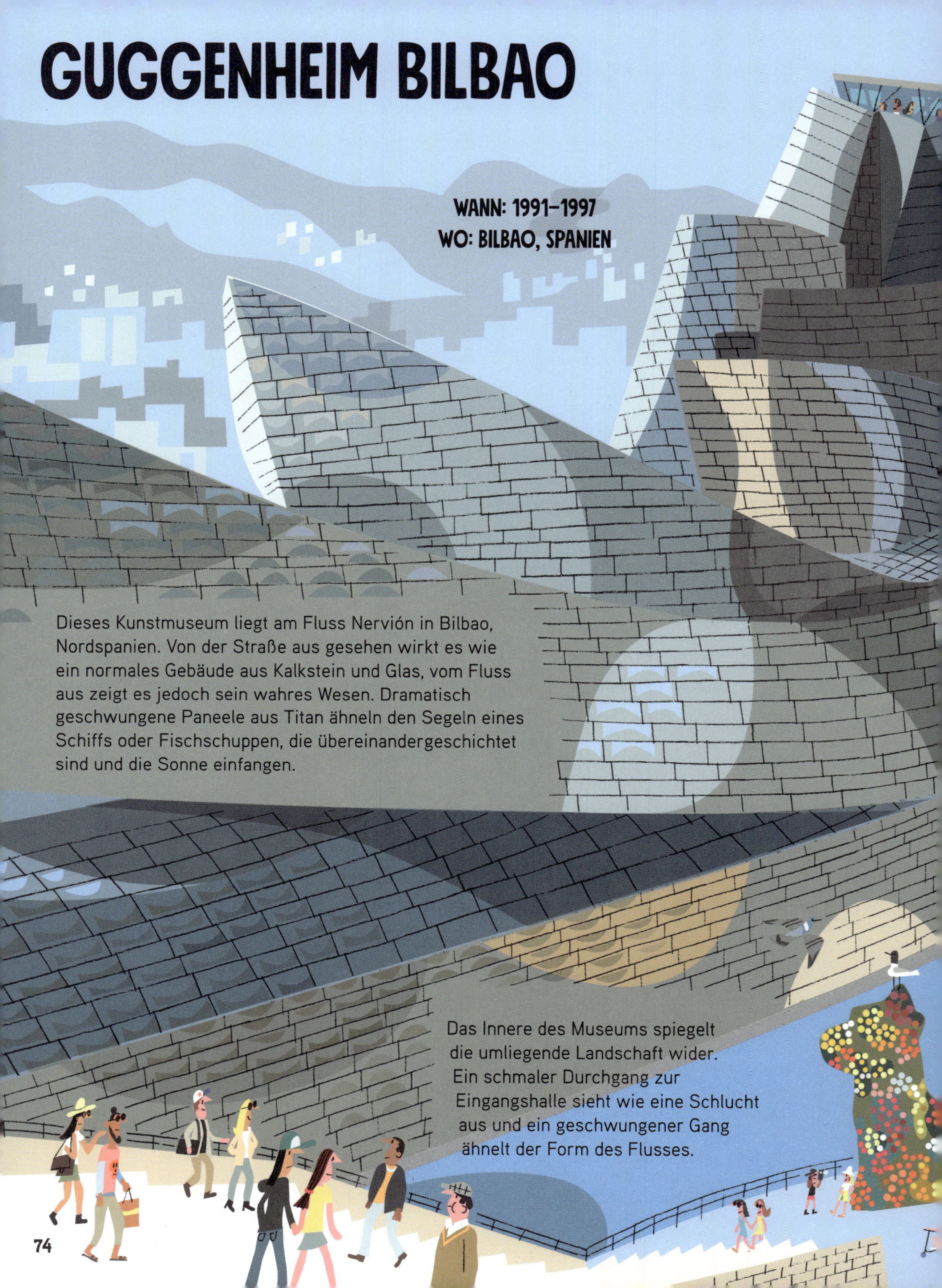

WANN: 1991–1997
WO: BILBAO, SPANIEN

Dieses Kunstmuseum liegt am Fluss Nervión in Bilbao, Nordspanien. Von der Straße aus gesehen wirkt es wie ein normales Gebäude aus Kalkstein und Glas, vom Fluss aus zeigt es jedoch sein wahres Wesen. Dramatisch geschwungene Paneele aus Titan ähneln den Segeln eines Schiffs oder Fischschuppen, die übereinandergeschichtet sind und die Sonne einfangen.

Das Innere des Museums spiegelt die umliegende Landschaft wider. Ein schmaler Durchgang zur Eingangshalle sieht wie eine Schlucht aus und ein geschwungener Gang ähnelt der Form des Flusses.

Dem Atrium im Zentrum des Baus hat der Architekt Frank Gehry den Spitznamen „die Blume“ gegeben. Gehry ist für seine ausdrucksstarke Gestaltung von Gebäuden bekannt.

Das Guggenheim-Museum verwandelte Bilbao von einer armen Industriestadt in ein bedeutendes Touristenziel mit 20 Millionen Besuchern pro Jahr. Den Begriff „Bilbao-Effekt“ verwendet man heute, um zu beschreiben, wie Star-Architektur die Entwicklung einer Stadt verändern kann.

JÜDISCHES MUSEUM BERLIN

Das erste jüdische Museum in Berlin wurde 1933 gegründet, um jüdische Geschichte und Kreativität zu präsentieren. 1938 schlossen es die Nazis. 50 Jahre später fand ein Wettbewerb für ein neues Gebäude statt, den der junge Architekt Daniel Libeskind gewann.

WANN: 1992–1999
WO: BERLIN, DEUTSCHLAND

Libeskind entwarf neben dem alten Gebäude ein neues in radikaler Zickzackform. Die einzige Verbindung zwischen den beiden ist ein unterirdischer Gang.

Der Garten des Exils ist ein Quadrat aus Betonstelen auf schiefem Grund, auf denen Ölweiden gepflanzt wurden. Darin zu laufen, fühlt sich orientierungslos und klaustrophobisch an.

Eine Abfolge von leeren Räumen mit etwa 20 Metern Höhe durchschneidet den Bau. Diese Leerräume stehen für den Schmerz in der deutsch-jüdischen Geschichte.

Der Holocaust-Turm ist ein hoher, enger, leerer Raum ohne Heizung oder Belüftung. Licht dringt nur durch einen winzigen Schlitz in der Decke.

Das Gebäude wird dem Dekonstruktivismus zugerechnet, da es traditionelle Architekturformen dekonstruiert und aufbricht. Besucher fühlen sich dadurch beunruhigt und sehen nicht nur den Inhalt des Museums, sondern erleben es auch emotional.

NEUE STÄTTEN DES GLAUBENS

Fast 2000 Jahre lang war die Kirche eine Institution, die wie keine andere bestimmte, wie die Menschen leben und wen sie verehren sollten. In der 2. Hälfte des 20. Jahrhunderts kamen individuellere Glaubensvorstellungen auf und die Architektur des Christentums nahm allmählich neue Formen an.

Salvation Mountain, Kalifornien, USA, 1989–2011

Ein großformatiges Kunstwerk aus Lehmziegeln, Reifen, Fenstern, Autoteilen und Farbe, das einen Hügel mit Bibelzitaten und christlichen Sprüchen überzieht. Geschaffen wurde es von dem exzentrischen Visionär Leonard Knight, der 30 Jahre lang auf der Ladefläche seines Lastwagens lebte, während er diesen persönlichen Ausdruck seines Glaubens errichtete.

Kathedrale von Brasília, Brasilien, 1958–1970

Eine Kathedrale wie eine Skulptur, entworfen von Oscar Niemeyer. 16 gebogene Betonsäulen in Form einer Krone öffnen sich zum Himmel. Sie sind durch riesige Glasfaserplatten verbunden, die den Raum mit natürlichem Licht fluten.

Hallgrimskirche, Reykjavík, Island, 1940

Hoch über der Stadt erhebt sich diese expressionistische Kirche, die an die Berge und Gletscher Islands erinnert und Verehrung mit Natur verbindet.

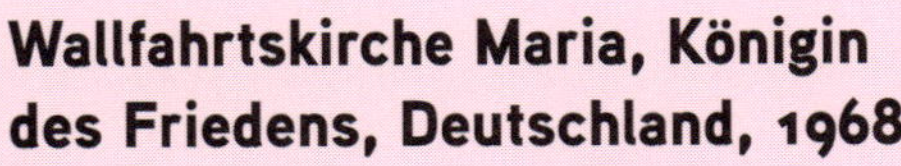

Wallfahrtskirche Maria, Königin des Friedens, Deutschland, 1968

Eine brutalistische Kirche aus rohem Beton mit zerklüftetem, kristallförmigem Dach. Der Hauptraum ist dunkel, nur der Altar wird durch Buntglasfenster dramatisch beleuchtet.

FLUGHAFEN-ARCHITEKTUR

In den 1950er-Jahren wurde internationales Reisen immer normaler. Neue Flughäfen wurden gebaut, die für Glanz und Begeisterung einer vernetzten globalen Zukunft standen.

Kontrollturm,
O'Hare International
Chicago, USA, 1970

Der Kontrollturm war der erste von vielen, den der chinesisch-amerikanische Architekt I. M. Pei entworfen hat. Der schlanke Schaft, der oben in das Kontrollzentrum ausläuft, zeigt Peis Vorliebe für natürliche Formen.

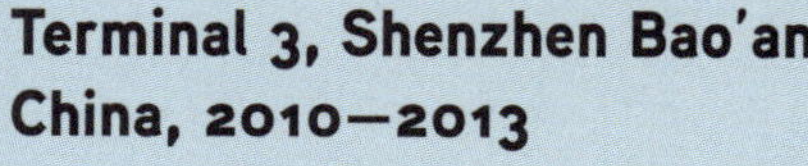

Terminal 3, Shenzhen Bao'an
China, 2010–2013

Der moderne Flughafen der schnell wachsenden Stadt Shenzhen hat die Form eines Rochens – ein Fisch, der zu fliegen scheint. Glänzende Oberflächen lassen das Reisen entspannt und leicht wirken.

TWA Flight Centre
New York, USA, 1959–1962

Dieses futuristische Terminal wurde vom Architekten Eero Saarinen entworfen. Sein flügelförmiges Dach sieht aus, als würde es gleich abheben.

Tegel
Berlin, Deutschland, 1974

Der 6-eckige brutalistische Flughafen spiegelt den jungen Idealismus seiner Erbauer wider. Er machte das Reisen zwar effizient, Sicherheit und Shopping – heute so wichtig – kamen aber zu kurz. Er ist heute nicht mehr in Betrieb.

SGAE ZENTRALE

WANN: 2008
WO: SANTIAGO DE COMPOSTELA, SPANIEN

Dieses Hauptquartier der SGAE (Gesellschaft von Schriftstellern und Verlegern) ist ein Gebäude mit 2 Seiten. Die Straßenseite besteht aus durchsichtigem Glas, die Seite zum Park aus riesigen Steinplatten, die scheinbar zufällig auf- und aneinander gestapelt sind. Diese Seite sieht ein bisschen wie ein neolithisches Denkmal aus.

Die Architekten, Ensamble Studio, platzierten die Steine in dynamischen Winkeln, damit das Gebäude in sich zusammengefallen wirkt; wie eine antike Ruine, deren ursprüngliche Struktur ein Geheimnis bleibt.

Innen spiegelt eine Wand aus CDs das gebrochene Licht, das durch die Steinwand dringt. An jeder Seite des schmalen Gebäudes befinden sich 2 große Fenster mit Ausblick.

Der Bau ist sehr skulptural und wirkt vom Park aus wie ein Teil der Landschaft.

ZUFLUCHTSORTE

In der heutigen Welt ist Platz oft schwer zu finden. Diese Räume machen das Beste aus dem kleinsten Raum und sind auf interessante Weise mit der Natur- oder Stadtlandschaft verbunden.

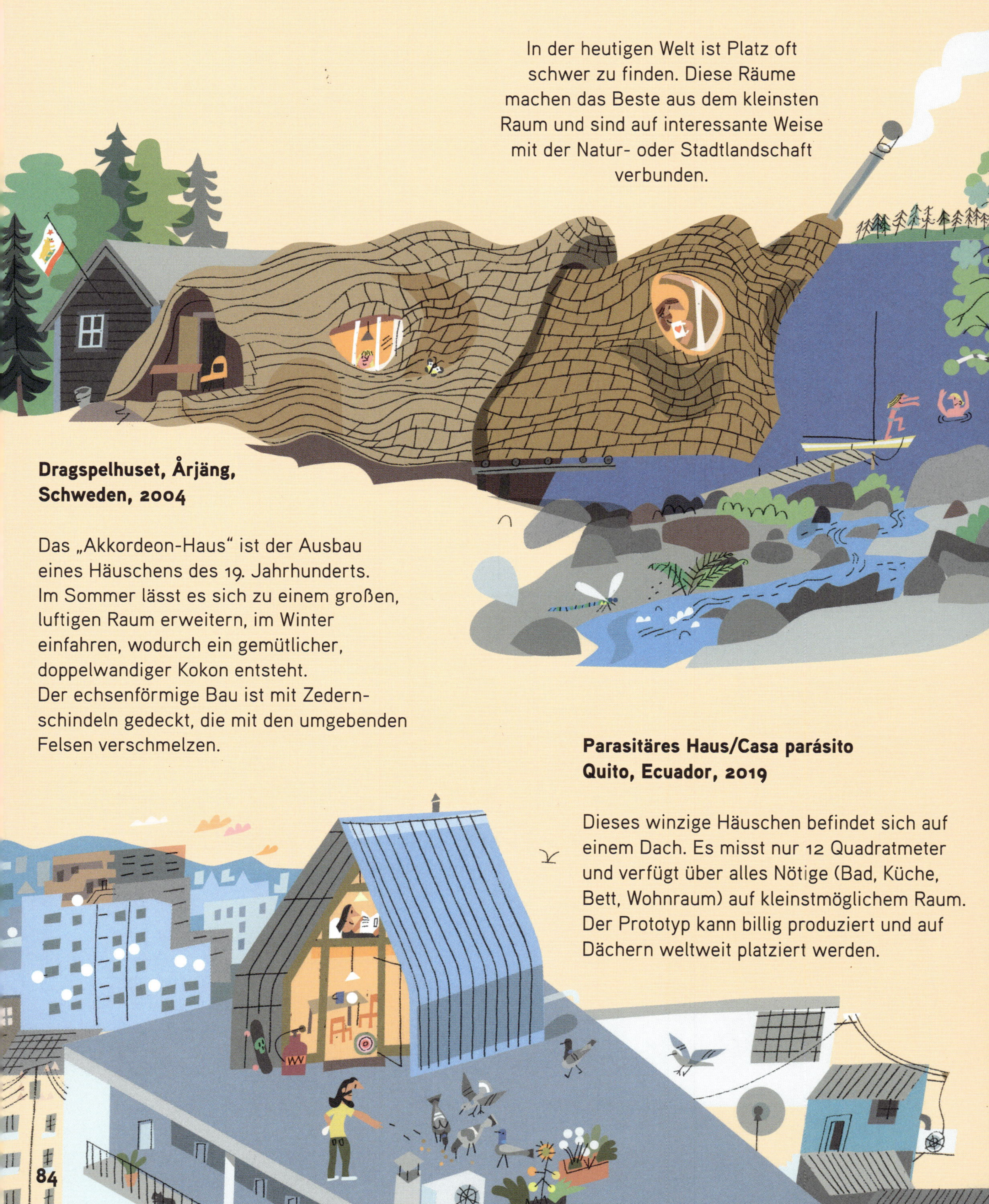

Dragspelhuset, Årjäng, Schweden, 2004

Das „Akkordeon-Haus" ist der Ausbau eines Häuschens des 19. Jahrhunderts. Im Sommer lässt es sich zu einem großen, luftigen Raum erweitern, im Winter einfahren, wodurch ein gemütlicher, doppelwandiger Kokon entsteht. Der echsenförmige Bau ist mit Zedernschindeln gedeckt, die mit den umgebenden Felsen verschmelzen.

Parasitäres Haus/Casa parásito Quito, Ecuador, 2019

Dieses winzige Häuschen befindet sich auf einem Dach. Es misst nur 12 Quadratmeter und verfügt über alles Nötige (Bad, Küche, Bett, Wohnraum) auf kleinstmöglichem Raum. Der Prototyp kann billig produziert und auf Dächern weltweit platziert werden.

The Truffle
Candamo, Spanien, 2010

Dieses Gebäude wurde von Innen nach Außen errichtet. Aus dem Boden wurde ein Raum ausgegraben und mit Heuballen gefüllt. Dann wurde Beton zwischen Boden und Heu gegossen. Die Betonschale hat eine natürliche Form, die wie ein Riesentrüffel aussieht.

Final Wooden House
Kumamoto, Japan, 2008

Dieser Bau sieht aus wie ein Jengaspiel, jedoch nur mit der Hälfte aller Steine. Lange, rechteckige Quader ragen in den Raum. Boden oder Decken gibt es nicht. Man klettert einfach darüber, wie in der Natur, und nutzt die Holzblöcke, wie man möchte.

GLOSSAR DER ARCHITEKTURBEGRIFFE UND -STILE

Arkade
Eine Reihe durch Säulen gestützter Bögen.

Art déco
Kunst-, Design- und Architekturstil der 1920er- und 1930er-Jahre, der Kunsthandwerk und luxuriöse Materialien mit Geometrie und Moderne in Kubismus und abstrakter Kunst verband.

Bauhaus
Einflussreiche deutsche Kunsthochschule mit neuem Designansatz, der Vorstellungen von Ästhetik, Funktionalität und Massenherstellung verband.

Bogen
Ein gekrümmtes oder spitzes strukturelles Element, das an den Seiten gestützt wird.

Brutalismus
Ein Baustil, der Materialien und Konstruktionsmethode betont. Die Gebäude haben rohe, unbearbeitete Oberflächen, für gewöhnlich aus Sichtbeton. Ihre Massivität wird durch unübliche Formen, gerade Linien und kleine Fenster unterbrochen.

Byzantinische Architektur
Ein Baustil, der zwischen 527 und 565 in Konstantinopel unter dem römischen Kaiser Justinian entstand. Byzantinische Kirchen haben große Kuppeln und aufwendige Mosaiken.

Dekonstruktivismus
Ansatz, der ein Gebäude „dekonstruiert", mit seinen Formen und Inhalten spielt, um asymmetrische, dynamische Formen zu erschaffen, die einen Bau fragmentiert erscheinen lassen.

Expressionismus
Architekturstil, der nach dem Zweiten Weltkrieg aufkam und die Schrecken des Krieges und eine utopische Zukunft zeigte. Architekten setzten neue Materialien, wie Beton, ein, um skulpturale, emotionale Gebäude zu schaffen, oft von natürlichen Formen inspiriert.

Fachwerk
Holzrahmen, der mit Mauerwerk oder Verputz aufgefüllt wird.

Fassade
Das Äußere eines Gebäudes (meist die Vorderseite).

Fries
Ein dekoratives Band skulpturaler Reliefs.

Funktionalismus
Die Idee, dass die Funktion eines Gebäudes dessen Gestaltung beeinflusst. In enger Verbindung zum Sozialismus glaubten die Vertreter dieses Stils, dass Architektur eine bessere Welt erschaffen sollte.

Giebel
Der 3-eckige obere Teil einer Wand am Ende eines Satteldachs.

Gotische Architektur
Ein Stil, der in Europa aus der romanischen Architektur des 12.–16. Jahrhunderts hervorging. Hohe, schlanke Gebäude mit Spitzbögen und großen Buntglasfenstern sind typisch dafür. Strebebögen sorgten für Halt.

Grotte
Kleine, pittoreske, wassergefüllte Höhle, die natürlich oder künstlich entstanden sein kann.

Grundriss
Die Anordnung von Räumen in einem Gebäude.

Kannelierung
Flache, vertikale Rillen im Schaft einer Säule.

Kragträger
Ein nicht gestützter Vorsprung, wie ein Fahnenmast, der aus einer Wand ragt.

Klassische Architektur
Architektur, die von den Gebäuden der griechischen und römischen Antike inspiriert ist.

Kolonnade
Ein Säulengang mit einem geraden Gebälk darüber.

Konstruktivismus
Abstrakter Kunststil, der 1915 in Russland entstand. Er war geometrisch und spiegelte die moderne industrielle Gesellschaft wider.

Lehmziegel
Ziegel aus Schlamm und Ton, die in einem Ofen gebrannt und mit Kalk bedeckt werden. Die Technik ist seit prähistorischen Zeiten bekannt.

Mihrab
Eine halbrunde Nische in der Wand einer Moschee, die die Gebetsrichtung anzeigt.

Minarett
Ein Element islamischer Architektur – ein hoher Turm mit einem runden oder kegelförmigen Aufsatz, von dem der Muezzin zum Gebet ruft.

Moderne
Architekturstil, der vor und nach dem Zweiten Weltkrieg populär war, und klare, schlichte Linien den dekorativen Elementen vorzog. Dafür kamen neueste Technologien im Bereich Beton, Glas und Stahl zum Einsatz.

Mittelschiff
Der Hauptbaukörper einer Kirche, wo die Gläubigen sitzen.

Monolithische Architektur
Gebäude, die aus einem einzigen Stück Material, wie Fels, geschnitten werden.

Pagode
Ein gestaffelter Turm mit verschiedenen Dächern um eine zentrale Struktur. Üblich in buddhistischen Tempeln in China, Japan und Korea.

Portikus
Ein überdeckter Gang aus einer Reihe von Säulen und Bögen vor einem Gebäude.

Postmoderne
Eine Bewegung, die Zurückhaltung und Ernsthaftigkeit der Moderne ablehnte und einen eher verspielten Zugang zu Farbe, Dekor und skulpturalen Formen pflegte.

Romanische Architektur
Stil, der in Europa vom 6. bis 11. Jahrhundert vorherrschte. Typisch waren festungsartige Bauten mit dicken Wänden, Rundbögen und großen Türmen.

Säule
Ein Stützpfeiler mit einer Basis, einem zylindrischen Schaft und einem Kapitell darüber.

Steinkreis
Ein Kreis aus riesigen stehenden Steinen aus dem Neolithikum, vor allem in Nordeuropa und Großbritannien. Womöglich zu religiösen Zwecken eingesetzt, aber das weiß man nicht so genau.

Strebepfeiler
Eine Stütze, die von einer Wand ausgeht und das Gewicht von Bogen, Dach oder Gewölbe trägt.

Veranda
Ein überdachter Vorbau, der oft 2 oder mehr Seiten eines Gebäudes einnimmt.

Zikkurat
Gestufte Tempelpyramide im alten Mesopotamien.

REGISTER

Für Hélène, Joyce, Minou und Batman.
Dank an Mama, Papa und Paul.
Dank an Ziggy für die Produktion dieses Buchs und
Frédéric Venditti für den Bau der Villa Marguerite.
– Peter Allen

Dieses Buch ist Teil unseres Programms E. A. SEEMANNs BILDERBANDE.
Es umfasst Bücher und Spiele, die Kindern mit viel Spaß die bunte Welt der Kultur eröffnen:
Malerei, Architektur und Kulturgeschichte, Musik, Oper, Theater und Tanz.
Die BILDERBANDE macht Bücher zum Entdecken, Geschichten zum Vorlesen und Spiele.

Erstmals erschienen 2019 bei Cicada Books Ltd, unter dem Titel

in der E. A. Seemann Henschel GmbH & Co. KG, Leipzig
www.seemann-henschel.de
www.facebook.com/seemanns.bilderbande
www.instagram.com/seemann_henschel_verlagsgruppe

Projektmanagement: Caroline Keller
Übersetzung: Alexandra Titze-Grabec, Wien
Lektorat: Laura Kaiser, Berlin | Cara Metzger, Leipzig
Satz: Gudrun Hommers, Berlin
Herstellung, Druck und Bindung: feingedruckt – Print und Medien, Neumünster

Bibliografische Information der Deutschen Nationalbibliothek
Die Deutsche Nationalbibliothek verzeichnet diese Publikation in der Deutschen Nationalbibliografie; detaillierte bibliografische Daten sind im Internet über http://dnb.dnb.de abrufbar.

ISBN 978-3-86502-472-5